AF339684

LE COLONEL BARON

MARTENOT DE CORDOUX

NOTICE BIOGRAPHIQUE

PAR

ALBERT ALBRIER

Membre de l'Académie des Sciences, Arts, Belles-Lettres et Agriculture de Mâcon,
de la Commission des Antiquités de la Côte-d'Or,
de la Société d'émulation de l'Ain, de la Société d'études d'Avallon, etc.

DIJON

IMPRIMERIE J.-E. RABUTOT

place Saint-Jean, 1 et 3.

—

1867

L 27
Ln
23734

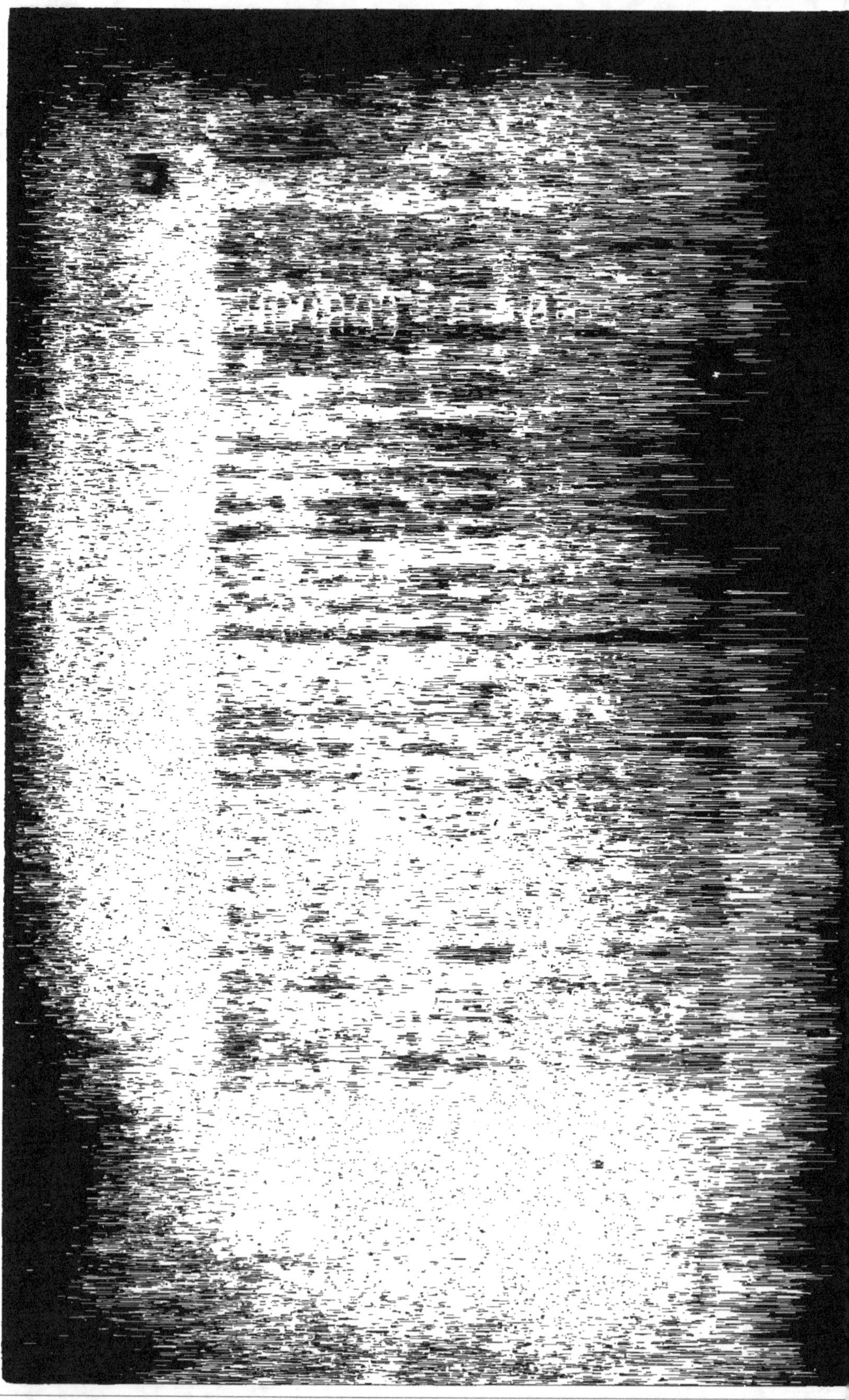

LE COLONEL BARON

MARTENOT DE CORDOUX

NOTICE BIOGRAPHIQUE

PAR

ALBERT ALBRIER

Membre de l'Académie des Sciences, Arts, Belles-Lettres et Agriculture de Mâcon,

de la Commission des Antiquités de la Côte-d'Or,

de la Société d'émulation de l'Ain, de la Société d'études d'Avallon, etc.

DIJON

IMPRIMERIE J.-E. RABUTOT

place Saint-Jean, 1 et 3.

1867

A M. GABRIEL DUMAY

Membre de la Commission des Antiquités de la Côte-d'Or.

Monsieur et cher Ami,

L'une des plus grandes gloires militaires de notre Bourgogne moderne est sans contredit le colonel baron Martenot de Cordoux ; c'est lui, vous le savez, qui, sur le champ de bataille de Waterloo, répondit fièrement au général anglais qui le sommait de déposer les armes : « La garde meurt et ne se rend pas. » Nobles paroles immortalisées par le pinceau d'Horace Vernet.

C'est cette belle et mâle figure, trop oubliée aujourd'hui, que je veux faire revivre en ces pages. Laissez-moi, Monsieur et cher ami, vous dédier ce travail comme témoignage de notre confraternité d'études bourguignonnes. Je connais assez votre patriotisme pour être assuré que rien de ce qui touche à notre chère province ne vous est indifférent, et que, comme le poète latin, vous vous écriez souvent :

> Salve, magna parens frugum, Saturnia tellus,
> Magna virum, etc.
>
> (VIRGILE, *Georg.*, liv. ii.)

Me souvenant à mon tour de cette parole d'Ovide : *pius est patriæ facta referre labor*, j'ai voulu aussi, tout en racontant la vie du vaillant officier, rendre un public hommage à votre amabilité et à votre amour pour le sol natal.

Veuillez agréer, Monsieur et cher ami, l'assurance de mes sentiments affectueux et sympathiques.

Votre tout dévoué Collègue,

ALBERT ALBRIER.

Sivry, le 7 octobre 1867.

MARTENOT DE CORDOUX

NOTICE BIOGRAPHIQUE

Parmi la pléiade d'officiers généraux qui ont illustré notre chère Bourgogne, nul n'a plus droit à la renommée que le colonel baron François Martenot de Cordoux.

Il a vu le jour le 18 février 1770 au village de Marcilly-Ogny, canton de Pouilly-en-Auxois, où sa famille, originaire de Montbard, était depuis très longtemps établie, et où il existe encore des personnes du même nom. Son père, Jean, était un cultivateur zélé et intelligent, et sa mère, Jacqueline Richard, une femme pieuse et douce ; elle sut inspirer à ses cinq fils de nobles sentiments qui ne se démentirent jamais.

Celui dont nous écrivons l'histoire, François Martenot, atteignait sa vingt-deuxième année lorsqu'il quitta son village pour voler au secours de la patrie en danger. Entré comme simple soldat au deuxième bataillon de la Côte-d'Or (1), il fit aussitôt les campagnes du Nord et s'y distingua par sa bravoure et son sang-froid; il y gagna, le 16 septembre 1792, les épaulettes de sergent qu'il conserva en passant au cinquième bataillon (2). Envoyé dans la Vendée révoltée, son intrépidité lui valut presqu'aussitôt le grade de sous-lieutenant au quinzième bataillon de la formation d'Orléans (20 juin 1793); depuis lors jusqu'en 1796, il combattit dans les provinces de l'Ouest avec une énergie, un courage au-dessus de tout

(1) De ces héroïques phalanges de la Côte-d'Or sortirent aussi deux hommes dont le souvenir m'est bien cher : je veux parler du duc Junot d'Abrantès et du général Maugras, qu'une étroite parenté unissait à ma famille.

(2) A l'armée du Nord, Martenot trouva un de ses compatriotes bourguignons qui débutait aussi dans la carrière militaire. On a nommé le général baron Etienne-Alexandre Bardin, mort en 1840, proche parent de l'auteur de ce travail.

éloge, et cependant il ne reçut pas d'avancement : ce qui s'expliquera facilement alors que l'on saura que le sous-lieutenant Martenot avait osé élever la voix contre les excès révolutionnaires et la conduite des conventionnels.

Lors des guerres d'Italie, il demanda à y prendre part et passa dans ce but à la 64e demi-brigade (14 novembre 1796) ; pendant deux ans, il se battit sur ce sol, si souvent arrosé du sang de nos soldats, et en l'an V, il reçut, devant Mantoue, un coup de sabre qui lui fit une profonde blessure. A peine rétabli, il vole de nouveau aux combats, et tandis que Bonaparte conquiert l'Egypte, l'armée française, que ne guide plus le grand général, perd la contrée napolitaine, où, en essayant une attaque en l'an VIII contre la cité parthénopéenne, le sous-lieutenant Martenot reçoit un coup de feu dans la jambe droite.

De retour en France, il est envoyé de nouveau dans l'Ouest avec le bataillon d'élite, dont il fait partie depuis le 12 août 1800 ; en 1801, il prend place dans les rangs de l'armée *d'observation*. En l'an X, il est promu au grade de lieutenant en premier dans le corps des chasseurs à pied de la garde consulaire, grade qui équivalait à celui de capitaine ; envoyé en cette qualité au camp de Boulogne, François Martenot, pendant deux ans (an XI et an XII), y resta cantonné et fut nommé *légionnaire* le 16 pluviôse an XII.

Mais c'est dans la grande armée qu'il devait montrer sa valeur et faire briller son courage; là il devait acquérir à la pointe de son épée de nouveaux grades, et comme ses compatriotes, les d'Avout, les Junot d'Abrantès, les Berthier de Wagram (1), il ne devait valoir sa position qu'à son sabre et à sa mâle énergie. Cinq jours avant l'immortelle victoire d'Austerlitz, il était nommé capitaine (27 novembre 1805) pour la part qu'il avait prise au combat d'Hollabrun ; à Austerlitz, il se distingua tellement que l'Empereur le nomma capitaine adjudant-major des chasseurs à pied de la garde. Il était encore à Iéna et à Eylau ; et le 10 juin 1807, il combattait à Heilsberg, où il recevait un coup de feu à la tête : ce qui l'empêcha de prendre part à la terrible lutte de Friedland, engagée quatre

---

(1) On sait que l'illustre maréchal Berthier, prince de Neuchâtel et de Wagram, appartenait à une ancienne famille de Bourgogne.

jours après (14 juin). La paix de Tilsit (8 juillet 1807) le ramena à Paris (1) ; c'est là qu'il connut la charmante fille du général comte de Chadelas, aide de camp de l'Empereur et inspecteur divisionnaire de l'infanterie ; quelques mois après il épousait Mademoiselle de Chadelas.

Cependant la guerre avait recommencé, et Martenot s'était vu obligé de rejoindre l'armée d'Allemagne. Dans les combats des 21 et 22 mai 1809 livrés à Essling, il se conduisit si vaillamment qu'un décret impérial en date du 9 juin lui conféra la croix d'officier de la Légion d'honneur. Envoyé dans la péninsule hispanique, le capitaine Martenot y devint, le 1er mars 1810, chevalier de l'Empire. Il participa au siége de Sagonte et fut, en raison de sa brillante conduite, promu chef de bataillon au 3e régiment des tirailleurs de la jeune garde (6 octobre 1811), ce qui équivalait aux épaulettes de major. Il passa avec ce même grade,

(1) Il retrouva aussi à Paris un ami de sa famille, M. le docteur Etienne Bienaymé, dont le frère venait de mourir évêque de Metz. Mgr Pierre-François Bienaymé, né en 1737, à Montbard, appartenait à une maison bourguignonne alliée à celle de Junot d'Abrantès, ainsi qu'à la mienne.

le 22 janvier 1813, au 2ᵉ régiment des grenadiers de la vieille garde.

Au commencement d'avril 1813, le chef de
bataillon François Martenot avait été chargé de
s'emparer d'une position formidable entre
Stellia et Vera-Crux, non loin de Vittoria, et
cette position était protégée par une épaisse fo-
rêt, où étaient cachés six mille guérillas com-
mandés par le terrible chef Mina. Avec une
poignée de braves, l'intrépide Martenot marche
droit à l'ennemi ; un coup de feu l'atteint à la
jambe droite et ne fait qu'animer son courage.
Il se précipite sur les Espagnols au cri de :
« Vive l'Empereur ! » les culbute, les met en
fuite et se maintient ferme à son poste. Ce
hardi coup de main décida de la victoire, et
le colonel Darquier put, avec ses 1500 hommes,
mettre en déroute des forces bien supérieures.
En raison de cet important fait d'armes, le
chef de bataillon Martenot reçut un titre no-
biliaire avec dotation affectée à ce titre. Par
décret impérial en date du 6 avril 1813, il fut
nommé *baron de Cordoux*.

Le 26 août de la même année, nous le re-
trouvons à la bataille de Dresde ; le 2ᵉ régiment de grenadiers faisait partie de la deuxième

division de la garde impériale, placée sous la
direction du brave général Barrois. Cette intrépide phalange avait en quatre jours par-
couru plus de quarante lieues à marche for-
cée : à peine arrivée, elle dut entrer en ligne. A
sa tête vint se placer le valeureux maréchal
prince de La Moskowa : en arrivant au pont
de Perna, celui-ci donna ordre au baron François Martenot de Cordoux de fondre avec son
bataillon sur l'infanterie russe, réunie dans le
parc de Gross-Garden et de la chasser vivement de cette position : « En avant , mes
amis, » s'écrie aussitôt le baron de Cordoux en
se retournant vers ses soldats. Ceux-ci, sur-le-
champ, rapides comme l'éclair, s'élancent dans la
direction indiquée, franchissent les fossés, s'a-
vancent jusque sous les baïonnettes russes et font
feu. L'ennemi, surpris de cette attaque soudaine,
se trouble et recule ; mais soudain il revient en
avant et alors s'engage une lutte meurtrière. Un
moment les Français reculent et hésitent :
« Eh quoi ! s'écrie le brave capitaine bourguignon, vous cédez, vous êtes un contre cinq , la
partie n'est-elle pas égale. » A la voix de leur
chef, les soldats reprennent courage , refor-
ment leur rang et marchent impétueusement

sur les Russes, qui bientôt prennent la fuite, laissant en nos mains morts, blessés et bagages. Grâce au sang-froid et à l'intrépidité du chef de bataillon Martenot de Cordoux, nous eûmes une position importante dont la conquête hâta, si elle ne décida pas de la victoire.

Deux mois après, le 19 octobre, il était à la *bataille des Nations;* sur l'ordre des généraux baron Barois et comte Roguet, Martenot de Cordoux s'élance, avec le premier bataillon de son régiment, au secours des 2ᵉ et 4ᵉ divisions d'artillerie de la jeune garde qui s'étaient trop avancées. Se plaçant courageusement au premier rang, il envoie une partie de ses tirailleurs pour repousser l'attaque, et, par cette audacieuse manœuvre, il tient pendant quatre heures nos canonniers à couvert. Il ne perdit que peu de monde, malgré le feu incessant de cinq batteries dirigé contre nous. En récompense de ce brillant fait d'armes, le chef de bataillon Martenot de Cordoux fut nommé chevalier de l'ordre de la Réunion et de la Couronne de fer, par décret en date du 28 novembre 1813 (1).

(1) A cette émouvante bataille de Leipsick se distingua surtout un de mes plus éminents compatriotes arnétois,

Il participa aussi à la campagne de France
et s'y couvrit de gloire. La chute de l'Empereur, auquel il était sincèrement attaché, l'af-
fligea extrêmement ; il fut même sur le point
de donner sa démission et de retourner à la
campagne ; mais l'ennemi n'avait point déposé
les armes et menaçait toujours la France :
Martenot de Cordoux conserva ses épaulettes
et fut incorporé au corps royal des grenadiers
de France le 1ᵉʳ juillet 1814. -— Ramenés par
les baïonnettes étrangères, les fils de saint
Louis comprirent fort bien qu'ils devaient
s'attacher l'armée ; ils lui accordèrent donc des
décorations en assez grand nombre : un décret de S. M. le roi Louis XVIII, en date du
25 juillet 1814, conféra au baron de Cordoux
les insignes de l'ordre royal et militaire de
Saint-Louis.

Au retour de l'île d'Elbe, Martenot de Cordoux fut un des premiers à accourir auprès de
l'illustre exilé ; il participa à la campagne de

un intime ami de ma famille, le général baron Claude
Testot de Ferry, alors commandant des dragons de la
garde. Un de mes plus distingués collègues à la Commission des Antiquités de la Côte-d'Or, M. Prosper Mignard,
a, dans un style brillant et animé, retracé la vie de l'illustre général qui avait été aussi son ami.

Belgique comme chef de bataillon du 2ᵉ régiment des grenadiers de la jeune garde. Il était
à Waterloo, où, dès le début de l'action, il recevait les épaulettes de colonel du même régiment. Vers les sept heures du soir, quand
tout était désespéré, il fit former sa troupe en
carré autour de l'Empereur. La présence du
souverain animait les soldats à un tel point
que, la bataille presque perdue, ils se croyaient
encore invulnérables. Mais il était dès lors devenu impossible de réunir nos troupes dis-
persées et décimées. Calme au milieu du danger, Martenot de Cordoux ne quitta pas un
instant le commandement de sa colonne et sut
conserver sa position pendant une heure trois
quarts ; en vain l'ennemi accable sa troupe
d'une grêle de boulets, le colonel de Cordoux
ne s'en émeut nullement : blessé au flanc
droit d'un coup de biscaïen, il n'en continue
pas moins à lutter jusqu'au dernier moment.
Témoin de tant d'héroïsme et de sang-froid,
l'Empereur conféra au vaillant colonel bourguignon la croix de commandant de la Légion
d'honneur et le grade de général de brigade,
double promotion que ne sanctionna jamais la
Restauration.

Cependant la bataille touchait à sa fin et l'armée française était en pleine déroute. Restait encore, portée sur un plateau élevé, la réserve composée de la jeune garde ; là se trouvait, sous le commandement du baron de Cordoux, le 2ᵉ régiment des grenadiers dans les rangs duquel étaient venus se réfugier les débris de bataillons mutilés, ainsi que les généraux baron de Cambronne et comte Michel. En vain, la cavalerie anglaise, que dirige Wellington lui-même, l'assaille à plusieurs reprises : la garde tient bon et ne recule pas. Le chef anglais toutefois ne cesse de crier : « Rendez-vous, rendez-vous ! » Indigné, Cambronne, avec une franchise toute militaire, lui répond par ces termes de bivouac : « M....., c..... ! » Néanmoins les charges sont un instant suspendues, et Wellington envoie un de ses aides de camp renouveler sa demande au baron de Cordoux, ajoutant : « Qu'il valait mieux déposer les armes que de sacrifier la vie de tant d'hommes à une inutile résistance. » Déchirant aussitôt une page de son carnet, Cordoux y trace à la hâte ces mots : « *La garde meurt et ne se rend pas.* » — Voici ma réponse, dit-il à l'envoyé, puis, se retournant vers ses troupes, il s'écrie : « *Soldats, la garde meurt et ne se rend pas.* » — A ces mots, officiers et soldats font retentir l'air de cette exclamation : « *La garde meurt et ne se rend pas.* » Le combat recommence alors avec fureur : les cuirassiers anglais et les dragons prussiens fondent avec impétuosité sur la garde : Martenot de Cordoux fait en vain des prodiges de valeur; blessé à l'épaule, il perd une partie de son sang. Heureusement la nuit arrive, nuit épaisse et profonde qui lui permet d'effectuer sa retraite en bon ordre (1).

Telle fut la part que prit à ce combat mémorable le général baron de Cordoux. A ce courage bouillant, à cette intrépidité, comment ne pas reconnaître le sang bourguignon ! Honneur à ce brave enfant de l'Auxois dont la gloire est si grande et si belle !

De 1815 à 1847, tous les historiens de Watèrloo n'ont cessé d'imputer au général baron de Cambronne ces immortelles paroles : « *La garde meurt et ne se rend pas.* » En 1842, Cambronne mourut : on lui éleva une statue

____

(1) C'est à cette funeste bataille de Waterloo que fut tué l'un des généraux bourguignons les plus distingués, M. le comte Philippe-Guillaume Duéhesme (du Bourg-Neuf).

au pied de laquelle on allait graver le mot de
Cordoux (1845), lorsque les héritiers du général comte Michel vinrent s'y opposer, en reven-
diquant pour le chef de leur famille les paroles
prononcées à Waterloo ; ceux du général baron
de Cambronne protestèrent. « De là, dit un
écrivain bourguignon, Joseph Bard, feu rou-
lant d'une armée de réfutations et d'arguments
dans les brochures et les journaux, ardeur
égale dans les deux camps ; de là conflit sé-
rieux et instance portée devant le conseil des
ministres (1). » Pour trancher la question, le
ministre de la guerre nomma une commission
« qui devait, disait-il, puiser à toutes les
sources, consulter tous les documents, inter-
roger tous les faits particuliers qui pouvaient
éclaircir le débat, recourir à la mémoire des
officiers généraux et supérieurs présents à
Waterloo, et surtout aux combats des 15, 16,
18 et 19 juin 1815. » Pendant un an la commission travailla avec ardeur et soin, et, au
bout de ce temps, elle adressa au secrétaire
d'Etat, ministre de la guerre, un rapport d'où
il résulte que : « Ni le général Cambronne, ni

(1) Article dans le *Courrier de Saône-et-Loire*, 1858.

le général Michel n'ont prononcé les paroles sacramentelles ; qu'à la vérité le général Wellington avait sommé Cambronne de se rendre, mais que ce dernier lui avait répondu par des termes de bivouac ; que de l'avis unanime des officiers composant le 2ᵉ régiment de la jeune garde, le colonel Martenot de Cordoux *seul* avait écrit à Wellington et crié : La garde meurt et ne se rend pas. » Le ministre fit aussitôt insérer le rapport au *Moniteur*, et le gouvernement commanda à Horace Vernet deux tableaux représentant le célèbre épisode de la bataille de Waterloo. Le peintre a choisi le moment où le colonel de Cordoux, à cheval, au milieu de ses soldats rangés en carré autour de lui, brandit son épée et ouvre la bouche pour crier : « Soldats, la garde meurt et ne se rend pas. »

L'une de ces toiles décore le musée du Louvre, l'autre orne le musée de la ville de Toulouse.

Pendant ce temps, qu'était devenu le baron Martenot de Cordoux ? Il vivait dans sa terre de Vaubuin (Aisne), riant de toutes ces inutiles controverses, mais ne se mêlant pas au débat : quand l'arrêt fut prononcé, il était mort. On a depuis, mais vainement, cherché à enlever cette gloire impérissable à notre valeureux compatriote ; aujourd'hui, c'est chose jugée : on connaît l'énergique riposte de Cambronne et la noble réponse de Cordoux.

Nous l'avons dit : sur le champ de bataille de Waterloo, Martenot de Cordoux avait été nommé successivement colonel, général de brigade et commandant de la Légion d'honneur. Ces promotions, les deux dernières du moins, n'eurent pas de suite officielle : on sait pourquoi. Le 13 mars 1822, le baron de Cordoux reçut la confirmation de son titre de colonel, et ce fut tout. — Aujourd'hui, il me semble, il serait facile à sa famille d'obtenir du neveu la consécration de grades conférés par l'oncle, et je suis persuadé que l'Empereur s'empresserait de faire droit à une telle demande.

Résumons maintenant la vie militaire du baron Martenot de Cordoux : soldat en 1791, sergent en 1792, sous-lieutenant en 1793, lieutenant en 1er en 1802, capitaine en 1805, chef de bataillon en 1811, colonel en 1815, général de brigade en 1815, il participa aux campagnes du Nord, de l'Ouest, de l'Italie, de

Naples, d'Allemagne, d'Espagne, de France et de Belgique, et reçut six blessures : à Mantoue, à Naples, à Heilsberg, en Espagne et à Waterloo.

Légionnaire le 16 pluviôse an XII, officier de la Légion d'honneur le 5 juin 1809, chevalier de l'Empire le 1er mars 1810, chevalier des ordres de la Réunion et de la Couronne de fer le 28 novembre 1813, baron avec dotation le 6 avril 1813, chevalier de Saint-Louis le 25 juillet 1814.

Telle est en quelques lignes la vie du baron de Cordoux, vie toute d'honneur et de loyauté. Toutes ces promotions sont exactes, je puis le certifier; je les tire d'un extrait conforme au registre matricule du corps, daté d'Issoudun le 16 septembre 1815 et signé par les membres du Conseil d'administration : Golzio, chef de bataillon, Farié, lieutenant en 1er, Boulon, capitaine, le général Christiani et Desiriez, capitaine, vu par le sous-inspecteur aux revues, signé Bréault. Ces notes ont été communiquées par le baron Martenot de Cordoux lui-même au maire de Marcilly-Ogny qui lui en avait fait la demande; elles sont transcrites tout au long sur le registre des délibérations du conseil municipal de cette commune, année 1847, fol. 2 et 3, en vertu de la délibération suivante :

Honneur et reconnaissance au brave colonel
MARTENOT (François).

Les habitants de la commune de Marcilly.

L'an 1847, le 2 février, à une heure après midi, le conseil municipal de la commune de Marcilly-sous-Mont-Saint-Jean, canton de Pouilly-en-Auxois (Côte-d'Or), s'est réuni, sur la convocation du maire, pour la session annuelle de février.

Etaient présents : MM. Poillot (Jean), Chauvelot (Jean-Baptiste), Bannelier (Louis), Martenot-Bonnouvrier, Martenot (Jacques), Martenot (Henry), Martenot (Antoine), Durand (Lazare), et Michel, maire, tous membres du conseil municipal.

L'assemblée étant en nombre, le maire a déclaré la séance ouverte et a exposé à cette assemblée que le but de cette réunion était de délibérer sur une demande d'autorisation de la part de M. le Préfet, pair de France, afin de transcrire sur le registre des délibérations de la commune de Marcilly : 1° un état de service militaire du colonel Martenot, baron de Cordoux ; 2° la susdite délibération avec son homologation ; 3° une petite notice de quelques traits de vaillance de ce brave défenseur de la patrie.

Attendu que chaque ville, chaque village de France s'empresse, à l'envi, d'ériger un monument quelconque à l'homme qui en fait la gloire ;

Le conseil de la commune de Marcilly,

Vu l'empressement unanime des citoyens de cette commune ; considérant qu'elle a vu naître un homme vraiment grand, un homme doué de rares talents militaires, un homme qui fut un des héros de Waterloo, où il prononça, dit-on, le premier ces mémorables paroles : « La garde meurt et ne se rend point ; »

Considérant que tout concitoyen doit être sensible à rendre hommage aux hommes au cœur dévoué, surtout à de généreux et braves défenseurs de la patrie ;

Considérant qu'il est de notre premier devoir de nous hâter de venir offrir un sentiment de reconnaissance et de mémoire durable à cet héroïque concitoyen ;

Considérant qu'il serait bien plus doux et bien consolant pour notre commune de pouvoir garder un heureux souvenir d'un des compagnons du grand Napoléon,

Délibère,

Que pour honorer la mémoire du brave et intrépide Martenot, baron de Cordoux, colonel des chasseurs de la garde impériale, officier de l'ordre royal de la Légion d'honneur, chevalier des ordres royaux de Saint-Louis, de la Réunion et de la Couronne de fer, né à Marcilly le 18 février 1770, son état de service qu'il nous a remis lui-même sera inscrit sur le registre des délibérations, et qu'une notice énumérant brièvement quelques actions de courage et de bravoure sera pareillement inscrite ; que c'est pourquoi le conseil municipal de la dite commune ose recourir à ce qu'il vous plaise, Monsieur le Préfet, l'autoriser à faire cette transcription.

Tel est le seul monument du sentiment de reconnaissance et de souvenir que la commune de Marcilly puisse élever à la mémoire du courageux et brave colonel Martenot.

Fait et delibéré à Marcilly les jour, mois et an que dessus. Signé au registre :

Durand, — Le Maire, Michel, — Martenot, — Henry Martenot, Poillot, Martenot, — J. Martenot.

Quelque temps après, le maire de Marcilly recevait du sous-préfet la lettre suivante :

Beaune, le 20 mai 1847.

Monsieur le Maire,

J'ai la satisfaction de vous annoncer que M. le Ministre de l'intérieur a bien voulu, sur ma proposition, autoriser le conseil municipal de votre commune à transcrire sur le registre de ses délibérations l'état des services de M. le colonel Martenot, baron de Cordoux, ainsi que la mention des brillants faits d'armes qui ont signalé sa carrière. C'est une heureuse pensée, et je suis heureux d'avoir pu concourir à cette exécution.

Agréez, Monsieur le Maire, l'expression de ma parfaite considération.

Le Sous-Préfet,

Charles de MAUPAS.

Le colonel baron François Martenot de Cordoux avait, en 1808, épousé Mademoiselle de Chadelas de Vaubuin, à laquelle il avait même été fiancé par l'Empereur. Napoléon et Joséphine signèrent à son contrat de mariage. La baronne de Cordoux était une femme très instruite et très spirituelle : elle aimait son mari avec passion, et pendant toute sa carrière militaire, elle l'accompagna sur les champs de bataille, pansant ses blessures de ses propres mains et ne le quittant presque jamais. Comme la femme de cet autre éminent bourguignon qui s'appelle duc d'Abrantès, Madame la baronne de Cordoux a laissé sur les campagnes auxquelles son mari avait pris part, des mémoires fort bien écrits et des plus intéressants.

Le baron de Cordoux avait quatre frères : trois ont succombé sous les drapeaux étant officiers supérieurs, et un quatrième est mort au moment de s'engager dans l'armée. Ces pertes cruelles affligèrent vivement le colonel, qui, de sa nombreuse famille, seul survécut jusqu'à la fin du règne de Louis-Philippe.

Retiré à la campagne après les événements de 1815, il se vit presque aussitôt en butte aux dénonciations; il n'y répondit que par le plus froid dédain, et la calomnie se tut. Arriva la révolution de juillet : Cordoux applaudit à la chute de l'infortunée dynastie, mais ne se mêla point à la vie politique. Retiré en son château de Vaubuin, près Soissons (Aisne), il continua de vivre loin des affaires publiques; affable envers tout le monde, ennemi du faste et de l'élégance, causeur aimable, le baron de Cordoux fut en outre un excellent administrateur; pendant bien des années, il fut maire de sa commune, où sa mort produisit un deuil universel. Il fut inhumé dans le caveau funèbre de la chapelle du château de Vaubuin, caveau qui doit recevoir toute sa famille.

Le baron de Cordoux a laissé quatre fils : l'aîné, François-Charles-Octave Martenot, baron de Cordoux, est né vers 1809; en 1847, il était capitaine au 3ᵉ léger et chevalier de la Légion d'honneur; en 1855, il prit part à l'expédition de Crimée comme lieutenant-colonel; il est honorablement cité dans le rapport du maréchal duc de Malakoff, sur l'assaut de Sébastopol, où il commandait le 1ᵉʳ régiment de tirailleurs indigènes contre l'attaque du Grand-Redan. Officier de la Légion d'honneur le 28 décembre 1854, chevalier de l'ordre du Bain en 1856, colonel du 97ᵉ de ligne, commandeur de la Légion d'honneur le 7 août 1859, pour sa belle conduite en Italie, et chevalier des SS. Maurice et Lazare d'Italie, il a été nommé général de brigade au mois d'août 1864.

Le second fils du baron de Cordoux, Charles-Edmond Martenot de Chadelas de Cordoux, était, en 1852, capitaine d'état-major, aide de camp du général Marey-Monge et chevalier de la Légion d'honneur. Officier de la Légion d'honneur le 16 avril 1856, lieutenant-colonel d'état-major en 1859, il est aujourd'hui colonel de la 6ᵉ légion de gendarmerie et commandeur de la Légion d'honneur (décret du 11 août 1867).

Le troisième fils, Eugène Martenot de Cordoux, est chirurgien-major en Afrique; chevalier de la Légion d'honneur le 9 janvier 1850, il fut promu officier de cet ordre le 20 juin 1859, après 22 ans de services, 14 campagnes, 2 citations.

Le quatrième enfin, Louis-Albert Martenot de Cordoux, sous-lieutenant au 27ᵉ de ligne en 1847, chef de bataillon au 3ᵉ de zouaves en

1859, a fait les campagnes de Crimée et d'Italie, et a été décoré en juillet 1859.

Les fils, on le voit, marchent brillamment dans la voie que leur a tracée leur père. Honneur à ces vaillants enfants de notre chère Bourgogne.

Le colonel Martenot, baron de Cordoux, avait, le 1er mars 1810, reçu de l'Empereur le titre de chevalier de Cordoux avec les armoiries suivantes : Tierce en pal de gueules d'or et d'azur, les gueules au signe de chevalier de l'Empire, l'or à la couronne de laurier de sinople, traversée en pal d'une épée haute de sable et soutenue d'une grenade éclatante du même, enflammée de gueules ; l'azur à la colonne trajanne d'argent, les bas-reliefs figurés de sable.

Le 6 avril 1813, il reçut, avec le titre de baron, les armes suivantes : De gueules à trois abeilles d'argent posées deux et une ; franc-quartier de baron militaire qui est : de gueules à l'épée haute en pal d'argent.

DIJON, IMP. J.-E. RABUTÔT.

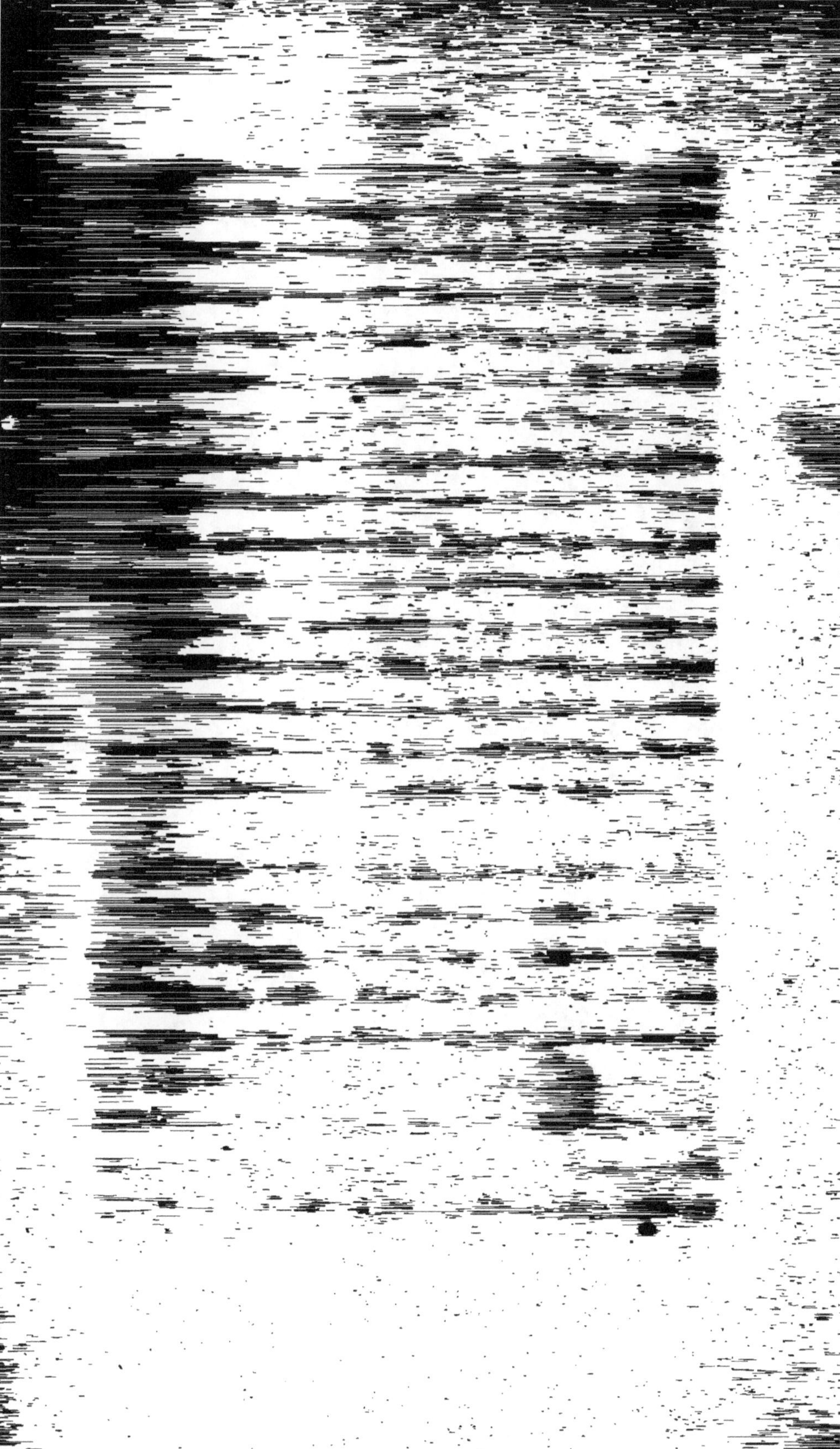

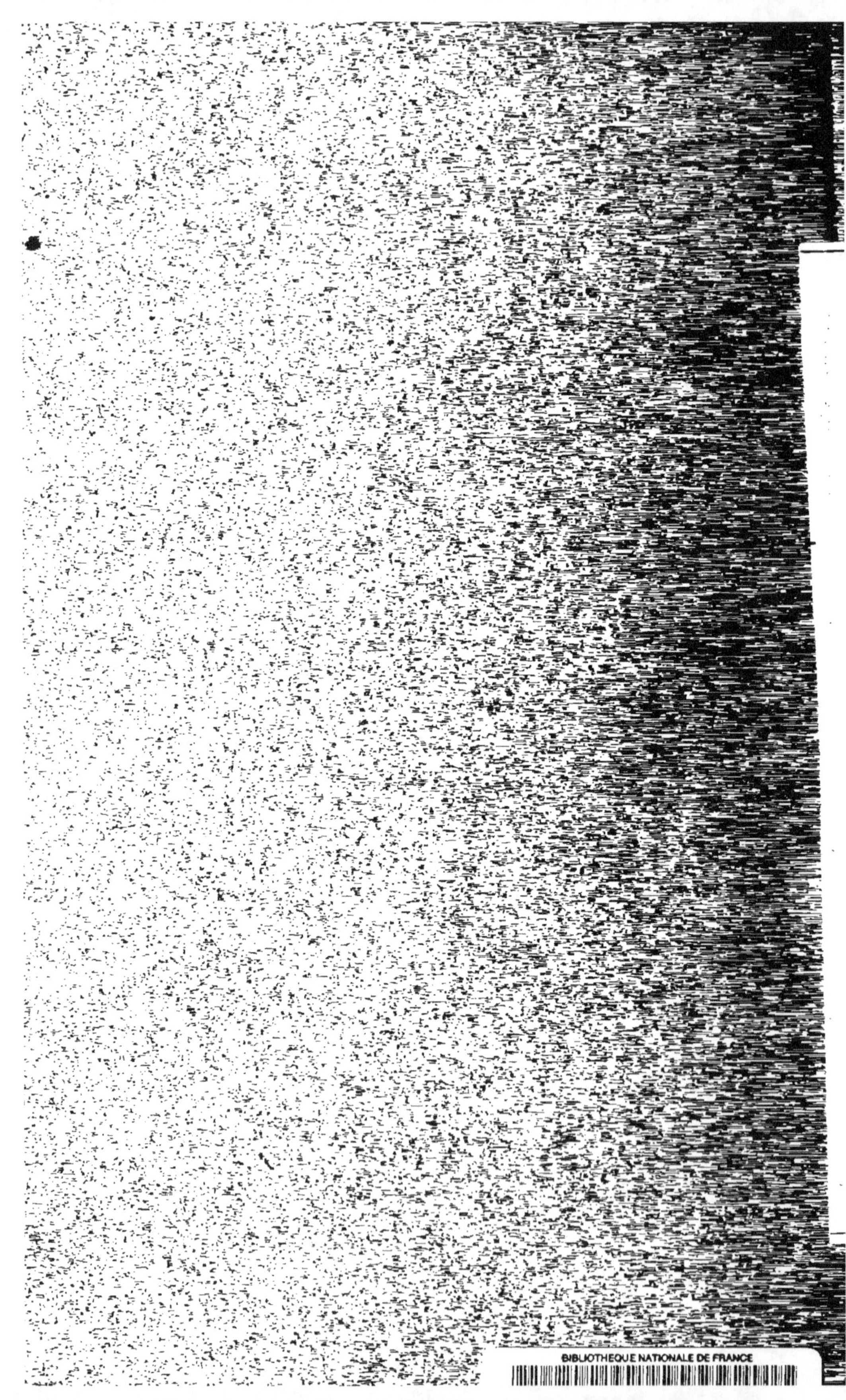
BIBLIOTHEQUE NATIONALE DE FRANCE

www.ingramcontent.com/pod-product-compliance
Lightning Source LLC
Chambersburg PA
CBHW061712060726
47597CB00006B/2325